DU BESOIN

DE

NOUVELLES INSTITUTIONS

EN FAVEUR DU COMMERCE

ET DES MANUFACTURES.

LE NORMANT FILS, IMPRIMEUR DU ROI,
RUE DE SEINE, N° 8.

DU BESOIN

DE

NOUVELLES INSTITUTIONS

EN FAVEUR DU COMMERCE

ET DES MANUFACTURES,

OU

RÉFLEXIONS D'UN FABRICANT SUR CETTE MATIÈRE.

SECONDE ÉDITION.

PARIS.

CHEZ LES PRINCIPAUX LIBRAIRES
DE PARIS ET DES DÉPARTEMENS.
1826.

AVIS

DE L'ÉDITEUR.

Cette brochure, dont on offre une seconde édition au public, n'a point été originairement destinée à être publiée sous cette forme. Les réflexions, ainsi que les notes qui la composent, ont été rassemblées dans le but de servir de matériaux pour un ouvrage qui a été projeté sur cette matière, mais qui n'a pu être achevé.

C'est pour se rendre aux vœux de quelques amis, que l'auteur s'est décidé à placer son travail particulier dans un cadre qui le rendît propre à l'impression.

L'accueil qui a été fait à la première édition, la nécessité de répondre aux objections nouvelles contre l'utilité de rétablir les corporations industrielles, et la reconnoissance par le gouvernement français de la république d'Haïti, ont engagé l'auteur à y ajouter de nouvelles notes et un supplément, qui sont un titre de plus à la recommandation de cette brochure, qui, comme on l'a dit, *vaut un livre*. (Voyez la *Gazette de France*, du 30 septembre 1825.)

PRÉFACE[1].

« Une guerre qui a duré vingt-cinq ans, et
» à laquelle ont pris part toutes les nations,
» a rompu les relations commerciales que les
» besoins, les convenances et le temps avoient
» cimentées.

» Cet état de crise s'est trop prolongé pour
» que les peuples ne prissent pas de nouvelles
» habitudes et ne donnassent pas à leur com-
» merce et à leur industrie une nouvelle
» direction.

» A peine la paix a-t-elle été rétablie que le

---

[1] Les principes qui servent de base à cet écrit ayant été exposés avec beaucoup de clarté par M. le comte Chaptal dans son ouvrage intitulé de *l'Industrie française*, nous croyons ne pouvoir faire mieux, pour les rappeler ici, que d'emprunter à cet auteur, autant que possible, ses propres expressions.

» fabricant a redoublé d'activité dans ses ate-
» liers, le commerçant a déployé ses voiles;
» ils ont cru l'un et l'autre rouvrir aux pro-
» duits nationaux les anciens débouchés, re-
» nouveler leurs relations avec les divers
» peuples; mais les temps étoient changés.

» Le monde commerçant se présente sous
» une face nouvelle; il s'agit moins aujour-
» d'hui de chercher à rétablir ce qui existoit
» que de bien étudier notre position actuelle,
» pour reconstruire nos relations commer-
» ciales d'après les changemens survenus.

» Pour arriver à ce but, il *faudroit* savoir ce
» que nous sommes; calculer nos pertes en
» commerce et apprécier nos progrès en
» agriculture et en industrie; comparer nos
» productions agricoles et industrielles avec
» celles des pays étrangers; connoître le goût
» et les besoins de tous les pays pour y
» adapter nos produits. »

Cette tâche est au-dessus de mes forces;
aussi n'ai-je point eu un instant l'intention de
m'en charger, mais simplement d'indiquer
qu'elle étoit à remplir.

« Les institutions qui régissoient l'industrie
» ont disparu; il faut en former de nouvelles
» plus appropriées à ses intérêts et aux besoins
» du siècle; ne pas condamner les anciennes

» par cela seul qu'elles ont existé; » ne pas repousser celles que l'on propose par cela seul qu'on nous a affranchis des anciennes; « mais » juger de tout sans passion et sans préjugés, » et s'appuyer sur les résultats de l'expérience.

» L'agriculture, le commerce et les manu-
» factures sont les principales sources de la
» prospérité publique : mais chaque nation
» n'est pas appelée par la nature à leur donner
» le même degré de développement : la posi-
» tion des lieux, la richesse du sol, l'état
» des lumières, le caractère des habitans
» marquent le rang que chacune d'elles doit
» occuper.

» L'industrie agricole est sans contredit la
» première de toutes. Les travaux qu'elle exige
» forment une population robuste; les produits
» qu'elle fournit sont de première nécessité :
» elle donne la matière première aux manu-
» factures et procure des échanges au com-
» merce. Cette industrie repose sur une base
» aussi solide que le sol qu'elle vivifie, elle ne
» craint ni les caprices de la mode, ni l'incons-
» tance des consommateurs.

» L'industrie manufacturière ajoute de la
» valeur à ceux des produits agricoles qui ne
» sont point employés à la nourriture des
» hommes et des animaux. Elle s'est long-

» temps bornée à fabriquer les vêtemens gros-
» siers nécessaires aux hommes réunis en so-
» ciété, et à fournir les outils indispensables
» pour les travaux : mais les progrès du luxe,
» de la civilisation et des lumières, lui ont
» donné de nos jours un si grand développe-
» ment qu'elle a opéré un changement dans
» nos mœurs, dans nos habitudes et nos rela-
» tions ; elle s'est tellement accrue chez quel-
» ques nations européennes que la population
» qu'elle occupe est presque aussi nombreuse
» que celle qu'emploie l'agriculture. L'exis-
» tence de cette partie de la société est étroi-
» tement liée au sort très-variable des ma-
» nufactures, et lorsqu'une guerre ou des
» prohibitions ferment des débouchés aux
» produits industriels, on voit avec douleur
» ces réunions d'hommes inactifs, souffrir,
» s'agiter et trop souvent troubler le repos
» public. Il eût été à désirer sans doute, qu'au
» lieu de former ces agglomérations d'indi-
» vidus on les eût laissés disséminés dans les
» campagnes », où la fabrication plus convenablement située eût pu servir, au besoin,
d'auxiliaire aux travaux de la terre.

Espérons que le gouvernement sentira l'importance de cette vérité, et que, s'occupant
des institutions qui forment le sujet de cet

écrit, il ne perdra pas de vue les moyens de propager notre industrie manufacturière dans celles de nos campagnes les moins aisées. C'est en vivant éloigné des grandes villes que la classe ouvrière parviendra, en diminuant ses besoins, à offrir aux fabricans la possibilité de diminuer eux-mêmes, le prix de la main d'œuvre, celui de leur loyer; et enfin à leur procurer les moyens de rivaliser avec les pays étrangers dans les prix des articles qu'ils fabriquent.

Une fois l'impulsion donnée, on verra s'exiler de nos grandes villes cette multitude d'artisans de toute espèce, et Paris devenir exclusivement une ville d'entrepôts, le centre du luxe, des plaisirs, et le temple des sciences et des beaux-arts.

DU BESOIN

DE

NOUVELLES INSTITUTIONS

EN FAVEUR DU COMMERCE

ET DES MANUFACTURES.

Après une révolution qui a détruit toutes nos institutions, bouleversé toutes nos idées et renversé l'édifice social, le besoin d'une réorganisation presque entière se fait chaque jour sentir davantage. La législation commerciale surtout n'est sortie que grossièrement ébauchée du chaos révolutionnaire.

Des institutions propres à améliorer la fabrication, à préparer et à consolider nos relations commerciales, à favoriser le développement de notre industrie, ne peuvent être sans doute que le résultat d'un travail long et difficile; mais cette organisation salutaire est loin d'être impossible. La nécessité n'en est peut-être pas assez généralement reconnue. Il faut donc s'en occuper d'une manière exclusive, et avec toute la sollicitude et tous les soins qu'exige l'importance du sujet.

A peine les mesures de la convention nationale avoient-elles affranchi les fabricans et les commerçans des anciennes institutions qui les régissoient, que sur tous les points de la France, le commerce et l'industrie firent des efforts pour obtenir des institutions capables de les diriger, et de leur procurer ce crédit et cette réputation dont ils devroient jouir, mais dont ils sont malheureusement privés.

La liberté applicable au commerce n'est qu'une licence. Nous ne saurions mieux en user que de nos libertés politiques. Nous ne sommes ni assez sages, ni assez vertueux pour ne le faire que suivant nos besoins communs. Ainsi celle dont jouit l'industrie en France, par des motifs de ce genre, loin de nous être profitable, tourne à notre détriment. En effet, si je considère cette liberté sous le rapport de la concurrence, et la concurrence elle-même comme véhicule en faveur de l'industrie, je vois que l'inverse de ce qu'on devoit en attendre a lieu; et cela parce que l'on en fait une fausse application. Une vérité reconnue de tout homme un peu observateur, c'est que, dans l'intérêt des fabriques, il faut que celui qui fait travailler ne dépende pas de ceux qu'il occupe. En France, c'est cependant ce qui arrive. Pour que cet état de choses change, il faut que le nombre des ouvriers soit en proportion convenable avec celui des établissemens manufacturiers, et que les fabricans, par leur fortune, leurs affaires, soient à même de traverser toutes les saisons, en garantissant, en quelque sorte, une existence à ceux qu'ils emploient. Notre situation manufacturière est loin d'être telle. Non seulement la plupart de nos fabricans ne possèdent pas assez de fortune personnelle, mais trop souvent les ressources de leur profession ne leur permettent même pas d'user de celle des capitalistes ; et, je puis le dire sans crainte de blesser personne, il y a si peu de différence entre un fabricant et un ouvrier, que pour le plus grand nombre des marchands ces deux mots sont synonymes. Il y a plus ; vu le prix élevé de la main-d'œuvre dans certaines professions, et la modicité des bénéfices dévolus au manufacturier, le sort de l'ouvrier est infiniment plus doux que celui de son prétendu bourgeois. S'il est question d'apporter quelque remède à cet état fâcheux, vainement on m'opposera le système suivi en Angleterre. Qu'on s'arrête un instant sur l'état de la société dans ce pays; qu'on y considère les fortunes, les établissemens, la nature de son commerce, et l'on verra que rien ne ressemble à ce qui existe chez nous. Chaque nation doit avoir des institutions adaptées à ses besoins. Sur ce point nous pouvons bien garder un juste milieu, entre laisser aux riches la charge d'élever la famille de l'artisan laborieux, comme on ne le voit que trop en Angleterre, et laisser en quelque sorte le fabricant à la discrétion de l'ouvrier, comme nous le voyons en France dans la plupart des professions.

Tâchons de faire prévaloir le principe d'économie : sans elle, point de concurrence à établir avec nos rivaux; car, comment espérer lutter, d'une part, contre un peuple simple, laborieux, persévérant; et, de l'autre, contre une nation peuplée de négocians et de manufacturiers, qui ne cesse de multiplier ses bras par des machines, si nous ne savons même pas tirer des nôtres tout le parti possible ?

Une maxime funeste, que quelques écrivains modernes ont adoptée sans réserve, semble avoir écarté toute idée d'institution en faveur du commerce. *Laissez faire, laissez passer*, s'écrient les promoteurs de cette maxime.

Qu'y a-t-il de plus sacré que le fruit de notre industrie ? nous disent quelques autres. Ainsi le moindre droit, la moindre formalité, sont autant d'entraves dont on devroit les affranchir! Ce langage ne tient-il pas un peu aux idées de désordre et de licence dont nous avons fait une si triste épreuve au nom de la liberté politique!

Pour combattre une telle erreur, il suffit d'un simple raisonnement. L'homme ne pourroit avoir le droit de se soustraire aux charges de la société, qu'autant qu'il pourroit prouver qu'il n'a rien à attendre ou à exiger d'elle. Or, le commerçant et l'artisan, sont précisément ceux qui se trouvent le moins dans cette catégorie.

Les charges dont il est question sont nécessairement de diverses natures. Elles sont relatives au rang que chacun occupe dans la société. Le gouvernement seul a le droit de les déterminer et de les fixer. Lorsqu'elles sont dans l'intérêt de tous, elles doivent avoir notre approbation.

Loin de moi pourtant, comme on pourroit le dire, l'idée de rechercher le joug. Loin de moi l'aveugle docilité de l'esclave. Ce n'est que dans l'intime conviction que de nouvelles institutions pour les manufactures et le commerce, seroient avantageuses aux commerçans et aux manufacturiers, que je me suis décidé à émettre mon opinion sur cette matière; heureux si la foible esquisse que je hasarde ici, peut engager une plume plus habile et plus exercée que la mienne à tracer ce qui reste à faire.

L'agriculture et le commerce sont les bases de toute prospérité, et les alimens du luxe et des beaux-arts. Un gouvernement sage doit donc chercher à leur donner toute l'extension et toute la perfection possible, ainsi qu'à les aider autant qu'il est en lui. Cette conséquence est rigoureuse. Combien alors ne devons-nous pas être étonnés de voir le commerce et l'agriculture, au lieu d'être sans cesse l'objet d'une vigilance active et d'une protection constante de la part de l'autorité, non seulement abandonnés à eux-mêmes, mais quelquefois entravés par de fausses mesures?

Nos peintres, nos musiciens, nos sculpteurs, nos poëtes, ont des pensions, des palais, des écoles superbes. Un simple comédien aura part à la munificence royale, et le négociant intègre, laborieux, qui, par des entreprises éventuellement malheureuses, aura enrichi de sa ruine une province entière, devra compter sur son obscurité pour échapper à une pitié stérile [1]! Non, il est impossible que dans un siècle aussi éclairé, que sous un gouvernement où tous les intérêts doivent avoir une égale protection, une égale faveur, de telles monstruosités subsistent encore long-temps : il est impossible que les classes les plus utiles de la société ne jouissent point enfin du crédit et de la réputation qui leur sont légitimement dus.

Ce n'est donc point avec une vaine confiance que l'industrie et le commerce attendent et demandent de nouveau des institutions. Mais

---

[1] Si je voulois citer une foule d'exemples de l'abandon absolu où sont laissées les entreprises commerciales et du danger qui en résulte pour leurs auteurs, certes, ils ne me manqueroient pas, mais je me bornerai à ceux-ci : M. Leblanc, après avoir sacrifié toute sa fortune dans la découverte de l'extraction de la soude du sel marin, découverte qui, en donnant de la valeur à nos salines, nous a affranchis d'un tribut de près de cinq millions que nous portions chaque année à l'étranger : M. Leblanc, dis-je, a vécu malheureux, tandis que sa découverte enrichissoit ceux qui n'avoient que la peine de marcher sur ses traces en profitant de ses essais.

On a vu aussi des artistes, dénués de toute protection, porter ailleurs leurs connoissances. C'est ainsi que M. Gérard se trouve en Autriche à la tête du plus bel établissement qu'il y ait peut-être pour la filature du lin à la mécanique, après en avoir conçu les premières idées et fait les premiers essais chez nous.

quelles doivent être ces institutions? Sont-elles réellement utiles et nécessaires? telles sont les questions que je me propose d'examiner.

En 1817, M. Levacher-Duplessis rédigea au nom du commerce de détail et des artisans de la ville de Paris, une requête au Roi et un Mémoire tendant à provoquer le rétablissement des corporations dans ladite ville. Cet écrit m'a paru rédigé et conçu dans des vues d'intérêts locaux trop resserrés; mais M. Levacher-Duplessis n'a dû parler qu'au nom de ceux dont il étoit l'organe et le fondé de pouvoir; aussi ne pouvant s'appuyer sur les intérêts généraux, c'est particulièrement au nom de la morale qu'il s'est attaché à démontrer la nécessité du rétablissement des institutions en faveur du commerce et de l'industrie.

Afin d'être à même de considérer ces institutions sous les rapports de la politique, de la morale, et surtout dans leurs résultats matériels, il eût été nécessaire de présenter le tableau de notre situation commerciale dans son ensemble; c'étoit d'ailleurs le seul moyen de donner quelque poids à cette espèce de supplique, qui, peut-être, par ce seul motif, n'a pas été prise en considération. Ce défaut que je signale ici, dans l'écrit dont je viens de parler, auroit pu être un sujet de reproche sous la plume de nos adversaires : mais pas du tout; repoussant sans aucun ménagement, la demande qui étoit faite, on s'est minutieusement attaché à blâmer et à combattre quelques mots, auxquels l'esprit de parti a semblé attacher un sens défavorable.

La réplique de M. Levacher-Duplessis, à la censure de son ouvrage, est forte de logique, et mérite d'être lue par quiconque n'est pas indifférent à cette question ; mais ce n'est pas au nom de la morale seulement que l'on parviendra à obtenir quelques concessions de nos économistes politiques. On n'est guère convaincu dans ce siècle que par des résultats positifs. La science des chiffres est celle qui a le plus d'influence ; ainsi laissons pour un instant le but moral qu'on doit avoir en vue dans ces institutions; but qui a constamment dirigé les législateurs les plus sages et les plus éclairés, et qui, partout encore, forme la base de ces mêmes institutions ; plaçons-nous sur le terrain de nos adversaires, et examinons leurs objections :

Des règlemens qui détermineroient un mode de fabrication, seroient, disent-ils, *autant de chaînes et d'entraves qui gêneroient l'industrie et la tiendroient asservie.*

L'industrie manufacturière en France est assez avancée pour n'avoir pas besoin d'être guidée mécaniquement ; elle est en état d'atteindre tous les degrés de perfection ; il suffiroit de lui en démontrer la nécessité, et de l'y amener par son propre mouvement. Nous ne réclamons donc point de règlemens pour diriger les travaux de nos fabriques. Ce point est désormais hors de toute discussion.

Nous ne demandons pas non plus qu'on érige en principe les priviléges ; cette mesure doit n'avoir lieu qu'exceptionnellement, comme on le dira ci-après. Ainsi ces mots de *règlemens* et de *priviléges* ne doivent plus être un épouvantail qui fasse rejeter toute idée d'institution spéciale pour le commerce et les manufactures.

Le commerce et l'industrie sont plus considérables et plus *florissans* que jamais, dit-on encore. Une maison de commerce peut faire beaucoup d'affaires sans être florissante. Tout le monde me comprend ; mais quand bien même ce qu'avancent nos adversaires seroit exact, seroit-ce une raison de s'opposer à ce qu'on créât des institutions qui tendroient à accroître encore notre *prospérité* ?

L'augmentation du nombre de nos fabriques, l'accroissement général de notre commerce, sont le résultat graduel d'une infinité de circonstances qu'il seroit trop long de développer ici.

La division des fortunes, le règne des assignats, l'empire de nos armes sur le continent, le système prohibitif, en sont les principales causes. En les indiquant, je me bornerai à dire que notre commerce, en grande partie de consommation intérieure, se trouve depuis une dizaine d'années extrêmement favorisé par la présence d'un nombre très-considérable de riches étrangers, dont la dépense ne peut être moindre, année commune, de soixante millions de francs [1]. Retirez au commerce, à l'industrie et aux propriétés les cinq à six cents millions que le séjour des étrangers nous a déjà valus depuis dix à onze ans que nous avons le bonheur d'avoir recouvré la paix et la légitimité ; ensuite vous me direz si nous avons beaucoup à nous enorgueillir de l'accroissement de notre commerce et de nos manufactures !

Pour qu'une industrie soit justement orgueil-

---

[1] Les journaux ont porté plusieurs fois le nombre des étrangers en France, depuis la paix, à près de cinquante mille ; mais sans tenir compte de la classe malaisée, et pour nous mettre en garde contre l'exagération, je ne ferai reposer mon calcul que sur la moitié de ce nombre. Or, d'après cette base, en estimant la dépense de chaque individu à dix francs par jour l'un dans l'autre, je trouve quatre-vingt-onze millions deux cent cinquante mille francs par an en faveur du commerce, des propriétés et de l'agriculture. Il y a donc une très-grande modération à ne porter cette somme qu'à soixante millions.

leuse, il faut que par ses produits elle s'attire la préférence et mérite les suffrages de tous les peuples. Chez nous, la consommation est nécessité. Si mes goûts ou ma santé me font rechercher un pays pour y vivre, il faut bien que je m'accommode des alimens qu'on y mange et des étoffes qu'on y fabrique.

En réfléchissant sur cet état de choses, par rapport à notre commerce et à nos manufactures, on est effrayé des conséquences d'un événement qui causeroit le départ de ces mêmes étrangers. Cet événement aura lieu tôt ou tard. Il seroit donc prudent, tandis qu'on le peut, de nous procurer quelques débouchés au dehors, en articles autres que ceux de mode et de caprice, c'est-à-dire en marchandises propres à l'usage des peuples de l'Afrique, de l'Amérique et de l'Asie.

Les diverses pétitions adressées au gouvernement par le commerce depuis quelque temps, démontrent la nécessité des débouchés que je réclame. Si dans un moment où la bonne harmonie qui règne entre les diverses nations nous permet de recevoir annuellement, comme une espèce de tribut payé à notre sol, des sommes immenses, dont la majeure partie est dévolue au commerce et à l'industrie manufacturière, on réclame de toutes parts des débouchés en leur faveur ; je le demande, quelle seroit notre position si, perdant cet heureux accord, nous nous trouvions dans la fâcheuse nécessité de ne plus oser sortir de nos ports, et d'alimenter nos fabriques et nos manufactures par nos seules ressources ?.... Sans crédit à l'étranger, sans consommation dans l'intérieur, c'est alors, sans doute, que des événemens dont l'homme sage ose à peine entrevoir les conséquences, donneroient de fortes, mais trop tardives leçons à ceux qui appelés à nous en garantir, l'auroient négligé. Espérons que nous serons bientôt à l'abri d'un tel événement, et que nous pourrons envisager avec autant de satisfaction l'avenir que le présent [1].

[1] Le traité qui vient d'être signé avec Saint-Domingue ; ce traité que, dans le monde politique, on regardoit comme impossible ; d'un côté, parce qu'il auroit blessé certains principes ; de l'autre, parce que, se plaisoit-on à dire, il y avoit incapacité en même temps qu'indifférence pour les intérêts du commerce de la part des ministres ; ce traité qui est un grand pas de fait en faveur de l'industrie manufacturière et commerciale, me paroît offrir une circonstance bien favorable pour faire un essai des institutions que je propose dans cet écrit. En effet, pourquoi le gouvernement n'enverroit-il pas dans cette ancienne colonie quelques commissaires choisis parmi les négocians les plus recommandables, pour étudier les goûts et reconnoître les besoins de ses habitans ? Dans un traité de com-

Nos détracteurs prétendent encore que jamais il n'y a eu moins de faillites ; si les faillites à leurs yeux ne sont que les affaires de ce genre portées devant les tribunaux, cela peut être ; mais le marchand en gros sait que les trois quarts et demi des misères du commerce, pour éviter l'intervention des lois, comme je le prouverai, se traitent au gré des débiteurs. J'en appelle à cet égard à la bonne foi des négocians en relation avec les maisons de détail.

Pour moi qui suis autant que qui que ce soit, compétent en cette matière, j'ai l'intime conviction que plus des deux tiers des maisons dites de détail en France, ne seroient pas à même

merce, nous pourrions recevoir, sur un tarif avantageux pour ce nouvel Etat son sucre et son café : d'abord, parce que ces marchandises, d'un débit facile en Allemagne, pourroient donner lieu à la formation d'un entrepôt spécial d'où elles seroient expédiées en transit; ensuite parce que l'admission de ces denrées nous fourniroit le moyen d'établir de nouvelles raffineries dont les produits, d'après mon plan, seroient destinés à être vendus à l'étranger.

Ces diverses valeurs provenant du sol haïtien, seroient constamment soldées en articles de nos fabriques, soit que ces mêmes fabriques fussent spécialement organisées d'après les besoins et les goûts de ce peuple, soit que l'équivalent fût pris dans nos magasins ordinaires.

Il seroit facile, il me semble, d'organiser ces relations sur le pied où étoient celles que nous avions avec les Léd'établir une balance à leur avantage. Est-ce là un tableau *prospère?*

Il reste à discuter et à éclaircir une question plus importante, dont la solution peut seule mettre un terme à la discussion élevée sur l'apparente prospérité du commerce et de l'industrie en France. Il s'agit de savoir si les divers produits des fabriques *réglementées* avant la révolution, telles que la soierie, la draperie, les toiles, la bonneterie et la chapellerie, se sont améliorés depuis trente années, en raison du temps écoulé et des connoissances acquises. Si, considérés comme marchandises, ils sont plus ou moins recherchés à l'étranger, et enfin si la

vantins. Sans doute qu'il conviendroit de simplifier les moyens de police et d'administration, afin de se rapprocher autant que possible, du système d'économie que doit constamment suivre le commerce.

La marine y trouveroit de grands avantages. La connoissance que nous avons du pays; les facilités d'une même langue, sont de puissans moyens pour nous lier d'un intérêt réciproque. Mais, si au lieu de s'occuper très-sérieusement de cette organisation, on nous amuse encore quelque temps avec ce grand et magique mot de *liberté*, il ne nous restera, de toutes ces ressources réelles, que la douleur de nous voir devancer dans ce commerce, comme dans tant d'autres, par des rivaux qui pourroient bien ne pas être étrangers à l'art de nous occuper par des mots, afin de mieux profiter des choses.

somme de leur exportation est augmentée ou diminuée depuis dix ans, comparativement à ce qu'elle étoit à l'époque où l'on prétendoit que notre industrie *se traînoit chargée de chaînes au milieu des entraves et des vexations.*

Les registres des douanes, avant la révolution (1788), nous présentoient un résultat de 229 millions environ, pour nos exportations en produits de nos fabriques. Cette somme devoit rouler sur les articles que j'ai désignés ; car à cette époque, à quelques exceptions près, les autres ne fournissoient pas même à nos besoins. Il s'agit de savoir maintenant ce que nous présentent ces registres depuis 1814 jusqu'à ce jour.

Je laisse à l'autorité cette tâche facile pour elle ; en attendant, je crois pouvoir avancer que cette question ne sera point résolue à l'avantage des partisans de la liberté illimitée du commerce.

Depuis la restauration, de nombreuses tentatives ont été faites pour ressaisir aux Echelles du Levant un commerce très-considérable d'étoffes que le midi de la France, et particulièrement la ville de Marseille, y faisoit avant la révolution. A cette époque nos étoffes avoient des longueurs, des largeurs, et même des qualités prescrites par des règlemens.

Les étrangers, chez qui le luxe a fait moins de progrès, et dont les goûts constans et uniformes demandent toujours la même chose, avoient alors des sûretés dans leurs transactions ; car les marchandises étoient toujours les mêmes. La ruse, la mauvaise foi, résultats d'une trop grande concurrence, ne s'y étoient point introduites ; mais aujourd'hui que nos fabricans ne voient le plus souvent de bénéfice en perspective que dans l'altération des qualités, toutes nos tentatives ont dû être sans succès, et dans le Levant comme ailleurs, nous avons essuyé le juste reproche de ne travailler que suivant nos goûts et les besoins frivoles de notre propre consommation.

Des associations de capitaux et de talens sont indispensables pour de grandes entreprises ; ces associations ne peuvent se former que sous les auspices du gouvernement ; car elles exigent des avances qui, sans sa protection, seroient souvent en pure perte. N'en doutons pas ; c'est faute de cette protection, que nous ne voyons aucune société marquante dans le haut commerce. Le moyen de réparer ce vide seroit facile, il me semble. Il suffiroit d'une loi qui autoriseroit le Roi à accorder des priviléges aux négocians qui feroient leurs efforts pour ressaisir d'anciennes relations commerciales, ou pour en créer de nouvelles, de même qu'aux manufacturiers, pour établir dans nos départemens les plus pauvres, des manufactures dont les produits seroient spécialement affectés au commerce étranger.

Dans un siècle où le flambeau de la philosophie pénètre jusque dans la demeure la plus obscure ; où les sciences sont cultivées dans toutes les classes de la société ; sous un gouvernement où les principes d'égalité de droit sont consacrés par la constitution ; dans un Etat où des milliers de citoyens, aptes à coopérer aux fonctions les plus importantes du corps politique, ne rêvent que changemens, dans l'espoir d'en profiter ; comment ne vient-il pas à la pensée des hommes d'Etat de chercher à donner une autre direction à l'esprit de cette multitude ?

L'agriculture, les arts et le commerce ne sont encore que très-imparfaitement exploités. Il dépend du gouvernement qu'il y ait dans chacune de ces professions, dans ces champs immenses à parcourir, de la gloire, des honneurs et des fortunes à acquérir, seuls alimens de l'ambition des hommes.

Dans l'intérêt de l'agriculture, que de canaux à creuser, de routes à tracer, de chemins à réparer, de cultures à encourager !... Dans celui des arts, que d'établissemens manufacturiers à

former; que de connoissances à répandre!...
Que de campagnes où les populations souffrent, languissent, dégénèrent même, faute de quelques secours que l'industrie bien dirigée pourroit leur porter!.... Avec cela, que de ruisseaux sans usines, de mines encore enfouies!...

Sous un ministère éclairé, qui peut disposer d'un budget de près d'un milliard, que ne pourroit-on pas entreprendre en faveur du commerce?.... Il n'en faut pas tant pour diriger à la fois tous les esprits vers ces sources de toutes prospérités. Oui, encore une fois, il faut les diriger, et ce ne sera que par de semblables moyens que nous parviendrons à procurer de nouveaux débouchés à notre commerce et à créer de véritables ressources à notre industrie, à employer encore long-temps notre population toujours croissante, et à utiliser dans nos campagnes, pendant les saisons rigoureuses des hivers, les bras qui y restent inactifs; c'est seulement ainsi que bientôt nous pourrions rivaliser avec les Allemands pour les bas prix, et avec les Anglais pour la convenance des articles [1].

---

[1] On sait que les fabriques de Verviers fournissent des draps dont la réputation est d'être à bon marché; mais beaucoup de personnes ignorent que, tandis que cette ville fai-

Ces priviléges et même ces règlemens ont déjà été le sujet de nombreuses tentatives de la part de quelques corps d'état, comme je l'ai déjà dit, ils ont même éveillé la sollicitude de l'ancien gouvernement sous Buonaparte; mais il suffisoit que ces institutions salutaires eussent été détruites dans la révolution, pour que leur rétablissement ou l'organisation de quelque chose d'analogue, éprouvât une vive opposition, fondée sur le prétexte apparent de l'état *prospère* de notre industrie et de notre commerce. Comme si les sciences et les beaux-arts qui ont fait de plus rapides progrès encore, les devoient à l'affranchissement de quelques priviléges ou de quelques règlemens. N'attribuons donc point un effet à une cause qui lui est tout-à-fait étrangère.

Si les beaux-arts et les sciences se sont élevés à un si haut degré de gloire, c'est en grande partie à l'influence du gouvernement que nous en sommes redevables. Ne craignons donc pas de

---

soit partie de la France, elle en livroit au commerce qui rivalisoient en beauté et en qualité avec nos meilleurs draps de Louviers, tout en offrant une différence dans les prix qui pouvoit aller à quinze pour cent. Cet avantage considérable dont alors profitoit en partie le fabricant, cette énorme supériorité ne sont que le résultat de l'économie dans la main-d'œuvre, et de la simplicité dans les goûts et dans les besoins des fabricans.

le dire avec les principaux écrivains qui ont traité cette matière : le commerce a plus besoin encore de dignité et de protection que de liberté. Cette maxime trouve son application dans toutes les branches d'industrie.

En effet jetons un coup d'œil d'abord sur la boulangerie :

Dégagée de ses règlemens, aurions-nous à Paris du pain ou plus beau ou à plus bas prix? je ne le crois pas. La police qu'on y exerce, mais particulièrement le n°. que chaque boulanger est tenu d'apposer à son pain, me procurent donc au moins une garantie dans le poids, et très-certainement encore la certitude d'éviter le mélange de substances malfaisantes.

Si l'art de l'orfévrerie, si celui de la bijouterie sont de quelque importance dans la balance du commerce; si ces deux professions jouissent de quelque considération, qui peut nier que ce ne soit à la faveur de la police qu'on y exerce, et à la marque du contrôle que nous en sommes redevables? J'ai la ferme conviction que sans la dépendance où se trouvent ces deux branches d'industrie, sans ces garanties données aux acheteurs et aux consommateurs, ce commerce seroit bientôt perdu à l'étranger, et réduit de beaucoup à l'intérieur.

Pourquoi les autres branches de commerce ne

jouissent-elles pas du même crédit, de la même confiance? c'est qu'elles ne sont pas entourées de la surveillance et de la protection éclairée du gouvernement; c'est qu'enfin, elles manquent des garanties que l'autorité peut seule donner.

La fabrication du savon avoit aussi été enveloppée dans la mesure générale qui avoit affranchi toutes les branches d'industrie d'une surveillance quelconque; mais on n'a pas tardé à Marseille, à s'apercevoir que ce commerce alloit être perdu, si on ne l'assujétissoit de nouveau à une marque et à des règles de fabrication. Aussi maintenant, à la faveur de cette police, voyons-nous traiter de quelques milliers de caisses de savon avec plus de facilité et de confiance qu'un tailleur ne traite d'une pièce de drap.

Donc une police sage et des règlemens convenablement adaptés à chaque genre d'industrie; une surveillance que s'approprieroit chaque corps d'état, loin d'être nuisibles au commerce, sont propres à lui donner de l'extension, en augmentant la confiance dans les transactions : donc une trop grande liberté applicable au commerce et à l'industrie est nuisible. C'est ce que je crois avoir prouvé. Mais cette espèce de police dont pourroient profiter, à la fois, le producteur et le consommateur, ne suffiroit pas pour donner à nos relations commerciales toute l'extension dont elles sont susceptibles ; il leur faut encore l'action immédiate d'un ministère éclairé, avec toutes les ressources qui sont à sa disposition.

Si le gouvernement a sn trouver le moyen de créer près d'un milliard de valeur pour indemniser les émigrés, il saura sans doute aussi trouver celui de seconder des expéditions commerciales ; de protéger l'établissement de quelques comptoirs dans les contrées d'outre-mer, d'encourager et de récompenser le zèle des voyageurs qui nous feroient connoître les procédés les plus parfaits employés dans les ateliers et les fabriques des pays étrangers ; les matières premières dont on y fait usage, les contrées d'où on les tire ; qui nous indiqueroient les causes de notre infériorité, dans telles ou telles branches d'industrie ; les moyens d'y remédier, etc.

Des écrivains ont prétendu que l'intérêt personnel du négociant et du marchand, agissoit assez puissamment sur l'esprit de l'un et de l'autre, pour que toute intervention de la part du gouvernement devînt superflue. Cette assertion ne peut être vraie pour les grandes entreprises d'outre-mer, ainsi que je crois l'avoir démontré plus haut. Elle est également fausse pour ce qui regarde le commerce intérieur.

Par exemple, depuis près d'un siècle nous sentons le besoin de nous approprier l'art de fabriquer les aiguilles, et depuis dix ans nous avons fait de vains efforts dans ce but; et cela parce qu'une entreprise de ce genre, au moins dans le commencement, a besoin des secours du gouvernement; car il nous est démontré qu'une société, quels que soient ses moyens pécuniaires, ne peut, sans s'exposer à des pertes certaines, essayer de rivaliser avec les fabriques étrangères.

La facilité d'introduire par fraude une quantité considérable de cette espèce de marchandises, dont le petit volume est facile à dérober à la surveillance des douanes, sera toujours un moyen sûr d'en alimenter le commerce en France, quelles que soient les mesures protectrices que puisse adopter le gouvernement à cet égard. Ainsi donc on ne peut espérer rivaliser avec les étrangers qu'en parvenant à livrer aux consommateurs des aiguilles aussi bien confectionnées et à aussi bas prix qu'ils le font. Mais encore, dans cette supposition, avec quel désavantage nous présentons-nous pour soutenir la concurrence? Un établissement de cette espèce, tout en ne le formant que sur une échelle fort modeste, et en restant beaucoup au-dessous des établissemens d'Angleterre et d'Allemagne, exigeroit, en bâtimens et machines seulement, plusieurs centaines de milliers de francs; et pour son exploitation, au moins plusieurs millions. Ajoutons que nous n'avons ni l'habileté ni l'expérience de nos rivaux, et que pour acquérir l'une et l'autre il nous faudroit faire de nombreux sacrifices.

Mais en admettant, pour un moment, que nous soyons arrivés au point de soutenir la concurrence avec eux pour les prix et les qualités, notre position seroit encore désavantageuse, puisque nous aurions à récupérer les fonds perdus en essais infructueux pour atteindre ce but de perfection.

Déjà en possession d'une fabrique analogue, la ville de Laigle a cherché à fixer ce genre d'industrie dans son sein; mais, malgré le secours de nombreux actionnaires, et les soins de la compagnie qui dirigeoit l'entreprise, les actions n'ont pas tardé à perdre leur valeur. Ainsi donc il ne nous suffiroit pas, pour obtenir un véritable succès, d'atteindre la perfection des fabriques étrangères, il faudroit encore les surpasser par de nouveaux procédés, plus simples et moins coûteux.

M. Jecker, dont le nom se rattache honorablement aux inventions utiles dans les arts, pénétré de ce que j'avance, a fait établir en petit des machines au moyen desquelles il prétend avoir atteint ce double but. Mais leur application en grand, comme je viens de le démontrer, ne sauroit être à la portée d'une fortune privée. Ici, comme en tant d'autres circonstances, faute d'une intimité, et on peut même dire du moindre rapport entre les hommes purement industriels et ceux placés au ministère pour les aider, cette invention aussi ingénieuse qu'utile ne sera peut-être jamais mise à profit.

La Société d'Encouragement, toujours fidèle au but de son institution, usant de ses foibles ressources, a constamment laissé au concours, pour ce genre d'industrie, un prix de quelques milliers de francs. Mais que peuvent jamais produire de semblables moyens?... Ce n'est pas par milliers, mais par centaines de milliers de francs qu'il faut compter, lorsqu'il s'agit de proposer un prix d'encouragement à celui qui parviendra à créer un tel établissement.

S'il est démontré qu'il ne convient au gouvernement, sous aucun rapport, de se faire manufacturier, et que, par ce motif, il ne sauroit lui-même se charger de cette entreprise, au moins est-il de son devoir de faire tout ce qui dépend de lui pour seconder ceux qui tenteroient de le faire, en proposant un prix proportionné à l'importance du sujet.

Le gouvernement des Pays-Bas ne vient-il pas de nous donner un exemple à imiter, en avançant une somme de 50,000 francs à un étranger, pour établir dans ce royaume une simple fabrique de gants de peau, qui auroit pu être exploitée convenablement avec une somme moitié moindre?

Voilà comment on seconde, comment on encourage l'industrie!.... Je le demande, à quelles suppositions outrageantes ne donne pas lieu la conduite d'une administration qui paroît ne pas savoir faire avec discernement un sacrifice d'argent pour encourager la naturalisation en France d'une fabrique jugée du plus haut intérêt?... Faudroit-il donc attribuer ce délaissement à des raisons politiques, lorsqu'il ne devroit s'agir, comme en cette circonstance, que d'une considération purement commerciale? Que le gouvernement y prenne bien garde; si les classes industrielles peuvent jamais lui être suspectes sous quelques rapports, ce sera lorsqu'il sera convaincu qu'elles ont acquis leur fortune, non seulement par leurs propres moyens, mais encore en ayant eu à lutter contre une secrète puissance. C'est alors qu'un certain parti, qui déjà cherche à capter leur confiance, s'en empareroit inévitablement, et pourroit, à la fin, devenir redoutable.

Les personnes qui n'ont dû voir qu'avec anxiété le grand œuvre de la restauration disent : *Ce sont les nobles infatués de leurs titres qui, voyant avec peine les classes industrielles se placer dans un certain rang, par leur fortune et leurs lumières, voudroient non seulement arrêter les progrès des arts, mais les faire rétrograder, s'il étoit possible.*

Non, la noblesse du dix-neuvième siècle ne sauroit méconnoître ses intérêts ni ses devoirs plus que dans les siècles antérieurs. Ce n'est point elle qui s'oppose à la prospérité des arts et du commerce. En effet, quel ombrage peuvent porter aux nobles les classes laborieuses de marchands et d'artisans, qui ne travaillent que pour obtenir le calme et la douceur du repos? Ceux qui s'opposent véritablement au développement et à l'essor de l'industrie, sont ceux-là même qui, par leurs faux systèmes et leurs principes novateurs, cherchent sans cesse à éloigner de l'autorité les classes de la société qui, au contraire, auroient besoin de secours, de conseils et de guides; ceux-là même qui, pour s'opposer constamment au rapprochement des nœuds qui doivent nous attacher au gouvernement et au Roi, ne cessent de mettre en problème le repos de l'Europe et l'existence politique de leur propre pays : ce qui fait que la plupart de nos hommes d'Etat, ne pouvant se défendre de l'influence de leurs funestes doctrines, se conduisent comme si leur existence politique ne devoit être que temporaire.

Si je considère que c'est à Louis IX, et successivement à François Ier, Henri IV et Louis XIV que nous devons l'introduction en France des premières connoissances dans les arts manufacturiers, de l'établissement des fabriques qui aujourd'hui nous font le plus d'honneur, ainsi que les encouragemens de toute espèce qu'elles ont reçus avant la révolution ; lorsqu'il est évident pour moi que tous ces bienfaits, dont les arts sont redevables aux Bourbons, n'ont pu être obtenus que par l'intermédiaire de la noblesse, je ne saurois partager l'opinion injuste de ces censeurs qui commencent par poser en fait que le gouvernement doit se borner à *laisser faire*, et disent ensuite, si, par une conséquence naturelle de ce principe, il ne fait effectivement rien, que c'est dans le seul but de rendre de nouveau le peuple ignorant et misérable, afin de le replacer plus facilement dans l'état d'asservissement et de barbarie d'où nos Rois, depuis saint Louis jusqu'à nos jours, n'ont cessé de travailler à le faire sortir.

L'abandon moral, si je puis m'exprimer ainsi, dans lequel végètent les classes commerçantes et industrielles dans la société, ne leur permet d'avoir que l'instinct très-borné de l'égoïsme : aussi voyons-nous rarement un négociant faire des spéculations ayant pour but l'intérêt de son pays. Le commerçant ne voit que l'or pour but de ses travaux ; et j'ose le dire, il semble y être condamné par la dédaigneuse frivolité de nos mœurs. On le force à se renfermer dans un cercle étroit dont il ne peut sortir. Qu'importent la noblesse de ses sentimens, son désintéressement et sa probité!... On ne s'attend pas à trouver ces vertus chez un marchand : et lorsqu'il les possède, il paroît ridicule aux yeux de la multitude, et souvent elles font son malheur.

N'est-ce point à cette espèce de mépris dans lequel le commerce est chez nous, que l'on doit attribuer la mauvaise foi, ou tout au moins, le charlatanisme du commerçant? et comment celui-ci pourroit-il respecter l'opinion qui le traite si mal? l'injustice ne peut être sans fâcheuses conséquences.

N'est-ce point encore à cette démoralisation générale et presque rendue nécessaire, que l'on doit attribuer ces fortunes scandaleuses et ces établissemens honteux dits *de prix fixes* (car il faut descendre dans des détails) où on a l'impudeur d'annoncer des marchandises, comme provenant d'une cessation de commerce, et même de

faillite, et qu'on est censé offrir à 50 pour %
de perte ; où des marchandises avariées sont
quelquefois vendues au-dessous du cours, il est
vrai, mais jamais au-dessous de leur valeur, et où
pourtant des milliers de personnes vont acheter
de préférence? maisons dont l'existence et la
propagation tendent évidemment à l'altération
de toutes les marchandises en fabrique.

Les institutions que l'on réclame sont donc
en même temps, dans l'intérêt du commerce,
du consommateur et de la morale publique.

Les plus zélés partisans de la liberté applicable au commerce, en exposant le mal qui
étoit résulté des anciens règlemens, que d'ailleurs je ne crois pas nécessaire de rappeler,
auroient dû signaler en même temps les avantages que les fabriques de draps, de soieries,
de bonneteries, etc., en avoient retirés. Certes,
on peut avancer en toute assurance, que c'est aux
institutions de l'immortel Colbert que nous
sommes redevables de la bonne réputation
dont jouissent nos principales fabriques en ce
genre. Ses seuls règlemens sur les teintures ont
répandu plus de lumière et fait faire plus de
progrès à cet art difficile, que tous nos moyens
réunis n'en feroient faire de nos jours en un siècle.
Avec cela, si l'on considère l'époque malheu-
reuse où parut ce grand homme, par rapport

à la gêne qu'éprouvoient les finances de l'Etat, on dira que l'essor qu'il sut donner à l'industrie en si peu de temps tient du prodige.

Si ces règlemens ont tenu les arts quelque temps stationnaires, ce n'est pas qu'ils fussent vicieux en eux-mêmes, c'est que de légers changemens réclamés par l'expérience et devenus nécessaires avec le temps, ont été négligés sous les ministères qui ont suivi. Il faut suivre en tout le cours du temps, les progrès des lumières et profiter des découvertes. Les institutions doivent changer suivant les besoins : c'est ainsi que les lois en harmonie avec les mœurs et les besoins de notre civilisation actuelle pourront ne plus nous convenir le siècle suivant; mais il y a loin d'un changement à la destruction. D'ailleurs quelle institution, quel système n'a pas ses dangers, ses abus? Dans la crainte des abus faut-il se priver de l'usage d'une chose, lorsqu'elle peut nous procurer des avantages bien réels?

On sait que notre législation commerciale est loin d'être parfaite [1]; ainsi elle veut que nul

---

[1] Si la manière dont s'administre la justice n'offroit pas partout les mêmes résultats, je hasarderois de signaler quelques uns des vices de notre Code de commerce. Je me bornerai donc à une seule réflexion sur cette partie de notre législation.

Dans les faillites, je trouve que la loi accorde trop de la-

individu ne puisse former un établissement sans être muni d'une patente. Cependant des milliers de gens exercent le commerce sans payer aucun droit. La patente de 300 fr. la plus élevée que nous ayons, devroit être la seule en vertu de laquelle il fût permis de tout entreprendre ; pourtant ceux qui ne paient que 30 fr. usent de ce même avantage sans la moindre opposition.

Le droit proportionnel affecté à la patente frappe sur la valeur des loyers. Ce droit n'est-il pas injuste et faussement appliqué ?

Un fabricant n'a-t-il pas besoin d'un plus vaste local, que celui qui se borne à vendre ses propres marchandises ?

titude et de protection aux débiteurs, en cela surtout qu'elle devroit reconnoître ce principe : *on doit tant qu'on n'a pas payé*, et qu'elle semble le nier. Aussi voyons-nous chaque fois les créanciers tellement à la merci de leurs débiteurs, que pour ne pas acheter la dérisoire protection de la justice au prix où elle se vend, ils évitent beaucoup plus qu'ils ne recherchent l'intervention des tribunaux.

Chacun connoît le langage de l'avocat chargé des intérêts d'un failli : *Je ne puis vous offrir que tant.... acceptez, ou la justice le mangera.*

En ce cas, moins on offre, plus positive est l'affaire. De part et d'autre l'intérêt commande de conserver ce qui a été mis de côté pour payer au fisc le droit de sanctionner une friponnerie.

Le père de famille qui fait un commerce n'est-il pas dans le même cas, par rapport au célibataire qui entre en concurrence avec lui? L'un et l'autre ne sont-ils pas frappés en sens inverse de ce que réclame la sagesse du législateur?

Une foule d'autres abus que l'on peut encore signaler ne démontrent-ils pas la nécessité d'une révision de notre législation commerciale, ainsi que de l'organisation des corporations qui auroient les moyens d'exercer une surveillance respective? Non seulement notre législation commerciale éprouve un vide immense, mais encore elle donne lieu aux plus grands abus, et, je le répète, l'empire de la mauvaise foi dans les opérations commerciales et le manque de confiance dans les transactions en sont les résultats.

Je sais que le mot corporation est mal sonnant aux oreilles de quelques personnes. Il en est qui ont de l'antipathie pour tout ce qui n'est pas moderne. Néanmoins, je n'ai pas négligé leurs objections; je vais rapporter celles qui m'ont paru les plus fortes.

« *Il ne peut exister de corporation sans un intérêt particulier pour les individus qui la composent. On ne peut stipuler d'intérêts particuliers sans privilége. Or, tout privilége étant en* opposition au développement de l'industrie et du commerce, les corporations ne sauroient leur convenir. »

En ne répondant rien à ces objections, il est clair qu'elles paroîtroient concluantes à ceux qui les ont faites; mais quoi, des hommes qui se trouveroient honorés d'occuper telle ou telle charge dans la société, ne sauroient le faire sans l'appât d'un intérêt sordide ! Cette façon de penser ne peut être admise que par quelques âmes vénales. Nos sociétés philantropiques (et nous en comptons beaucoup) sont autant de preuves qu'une telle assertion est sans fondement. Le nombre chaque jour croissant des membres de la Société d'Encouragement; les libéralités continuelles de cette corporation des amis des arts, de ces promoteurs zélés, en même temps que protecteurs éclairés de notre industrie, démontrent la fausseté de cette objection.

Dans l'état où se trouve notre législation, les corporations ne seroient-elles organisées que pour empêcher cette multitude de marchands *marrons* de colporter les marchandises qui se fabriquent dans les ateliers clandestins, qu'elles rendroient un éminent service au commerce, en même temps qu'elles serviroient les intérêts du fisc.

Lorsque le commerce est en de telles mains, où reconnoître l'*ouvrier* et la *pratique* dans les intérêts desquels le célèbre économiste anglais se plaît à rencontrer les moyens de remplacer la police que les corporations sont appelées à exercer sur leurs membres?... C'est particulièrement cette multitude de personnes des deux sexes qui font un commerce vagabond, qui découragent les commerçans honnêtes. Pour peu que cet état de choses augmente, le négociant se trouvera dans la position de ce peuple dont le nom seul est devenu une insulte. Avec un tel système, une réputation sera désormais sans utilité pour le manufacturier comme pour le commerçant. Partout où l'on verra s'ouvrir une succession dans le commerce, il y aura de la part des héritiers, abandon et mépris pour la profession de leur père ou de leurs aïeux, et en peu de temps, nous verrons disparoître nos établissemens un peu marquans avec ceux qui les ont créés.

Une police dans chaque corps, des règlemens qui assujétiroient nos principales marchandises à une visite et à une marque de bonne fabrication, avant que d'être livrées au commerce extérieur, seroient de suffisantes garanties pour les acheteurs, et finiroient par mettre nos marchandises en bonne réputation.

Au moyen de cette police, je voudrois que les fabricans ne vendissent qu'aux marchands en gros, que ceux-ci ne pussent vendre en détail. On interdiroit, j'espère, ces fausses inscriptions de *fabriques* dans les lieux où on ne fabrique rien, et loin de restreindre le commerce, ou de le concentrer au profit d'un petit nombre d'individus de la même profession, comme s'attachent à l'insinuer nos adversaires, on le diviseroit; ainsi les commerçans étant convenablement classés, on ne verroit plus dans le même magasin et sur le même éventaire, le grossier et ridicule assemblage de tant de marchandises diverses.

Des Chambres organisées dans nos villes manufacturières ou commerçantes, composées des négocians les plus instruits et les plus notables, et auxquels on pourroit adjoindre quelques agronomes, spécialement convoquées pour rechercher les besoins de l'agriculture, du commerce et des arts, seroient mises en point de contact avec nos législateurs, nos savans les plus distingués; avec nos physiciens, nos chimistes et nos mécaniciens les plus profonds et les plus habiles. De cette intimité, de cet échange mutuel de connoissances théoriques et pratiques, devra jaillir une lumière propre à favoriser la création des institutions que l'on réclame; par l'installation de ces Chambres, qui seroit la première base de cette nouvelle organisation, on se procureroit les moyens de propager dans les ateliers les plus obscurs, et jusque dans les fabriques les plus isolées, les connoissances nécessaires au progrès de l'industrie. La science qui conçoit, agrandit et perfectionne, viendra, sans cesse, au secours de l'industrie qui exécute. Le savant donnera des leçons *mortes*, si je puis ainsi dire, à l'artiste qui à son tour lui en rendra de *vivantes*. Ajoutons que cette société de savans, d'artistes, de négocians, de manufacturiers, organisée par un ministère éclairé, fourniroit aux uns et aux autres les moyens de répandre les connoissances en tous genres, par des bulletins distribués aux chefs des ateliers, etc.; par ces moyens nous cesserons de voir nos découvertes et nos connoissances les plus utiles et les plus importantes dans les arts, demeurer enfouies, après quelques lectures académiques, dans de gros volumes scientifiques qui ne sont jamais à la portée de ceux pour qui ils sont écrits.

Je désirerois que, sous les auspices de ces mêmes Chambres, fussent organisés des bureaux qui auroient dans leurs attributions le droit de la marque apposée aux marchandises, ainsi qu'une caisse destinée à fournir des secours à ceux des fabricans qui n'auroient pas le moyen de passer les saisons appelées *mortes* sans faire des ventes onéreuses pour eux, et toujours défavorables aux prix que doivent conserver les marchandises. On verra ¹ les moyens de faire les fonds de cette caisse. Mais en cas d'insuffisance, pourquoi le gouvernement n'y subviendroit-il

---

¹ Le genre de marchandise qui convient à l'étranger, comme je l'ai déjà dit, n'étant pas toujours celui qui convient à nos goûts, il importeroit que le fabricant appliquât son industrie pour les besoins de tel ou tel peuple. Une ganterie, par exemple, préparée de manière à être à l'abri des avaries de la mer, seroit propre à augmenter nos débouchés, en encourageant le spéculateur. Car il est constant que, dans quelques contrées, on se prive de cet article de luxe, venant de France, faute de l'y pouvoir transporter sûrement sain et sauf. Ces moyens, bien que connus, ne seront probablement jamais mis en pratique, que pour fournir à la curiosité dans nos expositions du Louvre. C'est dans cette intention que je proposerois de diviser les fabricans de gants en trois classes.

La première et naturellement la plus riche, devant fournir un cautionnement de premier ordre, ayant droit de diriger son industrie en tous genres.

Une seconde payant un cautionnement inférieur, ne devant diriger son industrie que pour l'étranger et d'après des instructions reçues.

Une troisième enfin, ne payant que le simple droit de patente, mais ne pouvant travailler que pour l'intérieur, c'est-à-dire n'ayant pas directement admission de ses marpas ? Cette faculté qu'il pourroit se donner, lui fourniroit le moyen de connoître l'état du commerce, et l'avertiroit des secours plus efficaces qu'il exigeroit.

Ces Chambres composées, comme je l'ai dit, remplaceroient très-efficacement nos prud'hommes dans celles des villes où cette organisation existe. Comme de seconds tribunaux de commerce, elles deviendroient les arbitres, et quelquefois même les juges des différens de chacun.

L'organisation que je désire a sans doute ses

chandises aux dépôts comme les deux premières classes qui, bien entendu, seules auroient droit aux avances de la caisse dont j'ai parlé.

J'ai cru devoir entrer ici dans quelques détails sur une des branches de notre industrie qui m'est familière, bien que jusqu'à ce jour elle n'ait pas été considérée avec toute l'importance qu'elle mérite. La ganterie de peau occupe pourtant en France plus de vingt-cinq mille âmes, et ses produits doivent être évalués à plus de dix millions. Ajoutons à cela, ce qui n'est point étranger à mon sujet, que cette branche d'industrie, par le concours de diverses circonstances favorables, pourroit devenir un commerce exclusif pour la France, et doubler peut-être ses produits par l'augmentation de nos troupeaux, la défense d'exporter les peaux en poils, etc., etc. Je ne désespère pas d'offrir plus tard au public quelques nouvelles observations sur cette branche trop inaperçue de l'industrie française.

difficultés. Supputer toutes les professions, en faire des divisions par catégorie, déterminer un mode d'élection ou de nomination pour les membres des diverses Chambres, est un travail qui appartient à l'administration. Lorsque nous en serons là, l'examen des anciens règlemens, des statuts des anciennes corporations; le mode d'organisation adopté pour la formation de nos Chambres de prud'hommes existantes dans nos principales villes manufacturières, et dont Paris est privé; les abus qui ont existé dans les uns, l'imperfection qui existe dans les autres, le besoin chaque jour senti de nouvelles institutions par le vide de notre législation, sont autant de considérations propres à guider et à éclairer l'autorité dans son travail.

Il résulte de cet exposé :

1°. Que notre commerce est, pour ainsi dire, réduit au commerce de consommation intérieure, et qu'il est urgent que le gouvernement avise aux moyens de renouer nos anciennes relations et d'en créer de nouvelles.

2°. Que la trop grande concurrence, l'ignorance et l'avidité du gain sont la cause d'une mauvaise fabrication qui jette du discrédit sur les produits de nos fabriques, et nuit aux transactions qui pourroient avoir lieu avec les étrangers.

3°. Qu'il est urgent de chercher les moyens de mettre des bornes à la mauvaise foi de certains fabricans par des institutions qui concilient à la fois les intérêts des acheteurs et la liberté dont a besoin le génie inventif de l'artiste comme celui de l'artisan.

4°. Qu'en cherchant à ramener la bonne foi dans le commerce, c'est travailler dans l'intérêt commun des commerçans eux-mêmes, de la morale publique et de la prospérité de l'Etat.

5°. Que c'est en effet mettre en pratique cette maxime : que le commerce a plus besoin de dignité que de liberté, car il résulteroit des institutions réclamées que l'on verroit très-communément s'associer la fortune avec la probité, ce qui malheureusement n'est point commun de nos jours.

6°. Enfin que nous manquons de moyens d'attacher suffisamment au sol de la patrie, les artistes et les artisans qui, par intérêt ou par besoin, seroient disposés à porter à l'étranger leur industrie.

En terminant ici mes réflexions, je n'ai plus qu'à émettre le vœu de les voir goûter par les hommes de bien, et surtout par quelques uns de ceux qui pourroient les faire prendre en considération par notre auguste MONARQUE; mais je ne puis douter que l'on ne s'occupe bientôt de ces institutions essentielles, car il semble naturel que nous en soyons redevables au prince qui daigne accepter le titre d'ami du peuple, et qui a si bien mérité celui de protecteur des beaux-arts et du commerce.

SUPPLÉMENT.

On trouve, dans le tome VI de la *Bibliothèque du dix-neuvième siècle*, qui vient de paroître, et qui est intitulé *Principes d'économie politique*, un article sur les corporations, où l'on s'attache à démontrer combien celles qui existoient autrefois seroient nuisibles, *funestes* même à l'industrie manufacturière. Chacun peut juger qu'ici l'auteur s'est moins attaché à faire l'histoire que la critique des corporations. En effet, dans tout ce qu'il dit à ce sujet, il ne tient compte ni des motifs louables qui ont porté à créer ces institutions, ni du bien qu'elles ont opéré. S'emparant de toutes les erreurs causées par l'esprit de ces communautés, et le sentiment d'égoïsme qui dirigeoit la plupart de leurs membres, il a eu soin de recueillir tout ce qui en avoit été la conséquence.

Il a rappelé de nouveau la situation fâcheuse dans laquelle s'est trouvé l'inventeur des procédés pour vernir la tôle ; les difficultés qu'il a éprouvées pour faire ses premiers essais en France, et enfin la résolution, comme cela arrive trop souvent encore de nos jours, d'aller porter à l'étranger sa découverte, faute de ressources pécuniaires. Je remarque, en passant, que cette découverte étoit de peu d'importance, et que l'on n'a pas même jugé à propos de faire connoître le nom de son auteur.

Les tracasseries éprouvées par M. Lenoir, fabricant d'instrumens de physique, ne sont point non plus négligées. Mais à côté de ces minuties, on est forcé de nous avouer que, grâce à l'autorité, dont maintenant on veut éviter l'intervention, ces mêmes tracasseries avoient eu un résultat favorable pour cet habile artiste. Cette particularité, comme tant d'autres, prouve encore aux yeux de tout observateur impartial le peu d'influence qu'exerçoient ces sortes de communautés dès qu'elles vouloient sortir des bornes de leurs attributions.

Ce que l'on rapporte de l'opposition manifestée de la part des fabricans de soie de Lyon et de Tours, au sujet de l'établissement en France des procédés pour peindre les toiles, n'est pas une objection mieux fondée contre les corporations. Si nos fabricans de batiste et de toile ont eu à souffrir de l'introduction et de la propagation des tissus de coton en tous genres, les fabricans de soieries n'étoient-ils pas excusables de craindre un pareil résultat, et de chercher à le prévenir ? Les démarches faites par les syndics de la corporation des marchands et fabricans de soieries, n'ont pas empêché cette branche importante de notre industrie de s'établir en France, et d'y faire des progrès, avant que le souffle de la révolution ne l'eût atteinte. Cette remarque n'est point ici déplacée.

Nos cultivateurs de pastel, dans le Languedoc, n'étoient point érigés en corporation lorsqu'à la découverte de l'indigo anil et à son apparition en Europe, ils parvinrent cependant à obtenir par les soins du ministère protecteur et éclairé de Sully, un édit de Henri-le-Grand qui, sous peine de mort, portoit défense d'introduire ou d'employer l'indigo d'Inde. Quand de grands intérêts se font entendre, comment, au premier abord, ne pas faire de concessions? De nos jours il s'en est fait de bien d'autres espèces!...

L'affranchissement de l'énorme impôt qu'avoit établi le précédent gouvernement sur les cotons; cette mesure salutaire, toute en faveur de ce commerce, n'a-t-elle pas été désapprouvée par la plupart des détenteurs de cette matière? Qui nous dit que ce n'est pas à cette loi, aussi sage que protectrice, que nous devons l'origine de ce système d'opposition aux actes du gouvernement qui se manifeste dans celle de nos villes où ce genre d'industrie s'est le plus propagé, et qui fait que, par une bizarrerie du cœur humain, les hommes qui ont le plus gagné au nouvel ordre de choses, sont précisément ceux qui y paroissent le moins attachés ?

L'aventure de M. Réveillon, dont la fabrique de papiers peints, érigée en manufacture royale, a été dévastée dans la révolution, n'est-elle pas encore une preuve que sous le règne des corporations, plus sûrement encore que sous celui de la *liberté*, les arts étoient encouragés et les découvertes récompensées ?

Les disputes entre les cordonniers et les savetiers, les tailleurs et les marchands fripiers, etc., ne sont que de pauvres argumens contre notre système. Maintenant ne voyons-nous pas les brevets d'invention donner lieu à des procès qui pourroient durer autant que les priviléges qui en font la base ? Pourtant, on ne conteste pas l'utilité des lois sur les brevets.

Ainsi, quoi qu'en disent nos détracteurs, il n'en paroît pas moins démontré que l'on peut garder un juste milieu entre les institutions telles qu'elles existoient autrefois, et la licence d'aujourd'hui ; et, pour me servir de la comparaison qui se trouve ici, qu'il y a encore plus d'inconvénient à laisser le savetier libre de faire des bottes et le tailleur de vendre du drap, qu'il n'y en auroit à les restreindre dans les bornes de leur profession. Ces vérités ne sauroient être méconnues de nos adversaires; mais ils se sont avancés, ils tiennent à leur système : il en coûte de rétrograder. Constamment le niveau à la main, et malgré l'expérience, ils persistent à vouloir nous prouver que ce qui n'est qu'une chimère peut exister.

FIN.